Hartmut Schmidt

Auf dem Weg zum Glück

Inhalt

Vorwort	S. 5
Innere Wandlung	S. 8
Leben	S. 13
Finden	S. 17
Leben entdecken	S. 20
Auf dem Weg nach vorne	S. 24
Auf der Suche nach sich selbst	S. 28
Dem eigenen Geheimnis auf der Spur	S. 32
Dem eigenen Glück begegnen	S. 35
Der Autor	S. 39

Vorwort

Vielleicht gelingt es mir mit diesem Buch, ein wenig mehr in die tieferen Einsichten des Lebens und der menschlichen Seele Einblick zu geben. Eine Reise ins Innere ist der Weg hin zu mehr Freiheit. Angeregt wurde ich von Weisheiten, die weniger bekannt sind, zumindest in den westlichen Ländern. So lässt sich der Leser auf Weisheiten aus dem Osten ein. Und die Kunst des Lebens besteht hier darin, Worte des Lebens oder Worte des Alltags für jeden Leser verständlich und transparent zu machen.

Ich wünsche dem Leser/der Leserin Freude und Interesse an dem, was das Glück in uns bewegen kann.

Rothenburg ob der Tauber – 2011

Innere Wandlung

Nicht immer schaffen wir es, uns rechtzeitig zu wehren, wenn wir verletzt werden. Bevor wir innerlich darauf vorbereitet sind, trifft uns ein böses Wort. Oder jemand ist neidisch und geht in eine Art Blockade. Da kann bereits der gesunde Menschenverstand dazu beitragen, genauer hinzuschauen, um das Bedrohliche ein Stück weit zu lösen. Durch unser Denken sind wir in der Lage zu fragen, was hat das Ganze mit mir zu tun. Dann verstehen wir hoffentlich schon bald, dass es etwas tief in mir gibt, wo ich nicht zu verletzen bin. Das wahre Selbst kann wohl nicht gänzlich beschädigt werden.

Die eigene Freiheit wird von der Unwahrhaftigkeit eines anderen Menschen nicht angetastet, wenn jemand in solchen Situationen aufmerksam geblieben ist. Denn er weiß: Es ist ein Gefühl, das da verletzt worden ist. Und ich konnte mich nur nicht schnell genug zur Wehr setzen.

Manchmal müssen wir Verletzungen annehmen und öfters noch müssen wir Kränkungen, wenn nicht akzeptieren, so doch mit ihnen rechnen. Doch sie sind nicht unbedingt hausgemacht. Und dann hilft es zu wissen, dass es einen Teil im eigenen Inneren gibt, wo man nicht verletzbar ist. Dieser Teil ist – traditionell gesprochen – das Göttliche im Menschen. Wer zu diesem Bereich einen Zugang gefunden hat, wird ihn als unberührbar erleben bzw. erfahren. In der entsprechenden Rückbesinnung verliert eine vorhandene Kränkung an Kraft. So kann sie nicht unser seelisches Gleichgewicht gefährden.

Eine alte Weisheit aus China gibt hierbei einen kritischen Hinweis.

Solange du dem Anderen sein Anderssein nicht verzeihst, bist du noch weitab vom Weg der Erkenntnis.

(Chinesische Weisheit)

Verzeihen kann jemand dann, wenn er sich selbst schon oft verziehen hat. Er muss also die verletzten Gefühle bereits als geheilt erlebt haben. Dann versteht man, dass ein anderer Mensch eben anders ist. Möglicherweise kämpft er selbst noch mit bestimmten Problemen oder ist ungerecht oder leidet selbst Mangel. Die Einsicht in dieses Wissen befreit uns von der Illusion, gar nicht oder nicht mehr gekränkt oder verletzt zu werden.

Grundsätzlich geht es auch darum, selbst Einfluss zu nehmen. Je mehr eigenes Vertrauen vorhanden ist, desto weniger häufig wird uns jemand durch ein böses Wort kränken. Die eigene Angstfreiheit ist ein Übungsweg. Weil wir selber uns auf einem sicheren Terrain bewegen, können wir grundsätzlich ohne Vorbehalte und ohne negative Wertungen auf unsere Mitmenschen zugehen. Zuletzt wird uns bewusst: Alle Menschen sind auch sehr verschieden.

Sie leben von der Kultur des Anders-Sein-Dürfens.

Und wenn wir in der Regel so sein dürfen, wie wir sind, mit allem, was derzeit zu uns gehört, dann ist es auch möglich, sich zu verzeihen. Der selbstkritische Weg ist ein Weg, der zu tun hat mit der inneren Wandlung. Ihm verdanken wir den ganzen Reichtum eines besseren Miteinanders.

Leben

Was ein Mensch vom eigenen Leben erwartet, sagt etwas über ihn selbst als Mensch aus. Da gibt es Träume, die zeigen, dass man noch weit weg vom eigenen Weg ist. Es gibt Zeiten, da wollen wir mehr Freiheit. Dann geht die Phantasie mit uns eigene Wege. Es entstehen Vorstellungen von besseren Kontakten, von einem schönen Land, von größeren Spielräumen im Privatleben oder in der Familie. Manchmal läuft auch im Berufsleben nicht alles so glatt und reibungslos, wie man es sich wünscht. Der eine glaubt dann, er muss die ganze Welt bereisen und ein anderer will in seiner näheren Umgebung möglichst viel erleben. In allem steckt ein starker Drang und eine große Sehnsucht nach dem Leben. Wer nicht mehr will als das, was er schon entdeckt hat, wird niemals herausfinden, was wirklich in ihm steckt. In jedem Menschen steckt weitaus mehr Potenzial, als wir es selbst von uns wissen.

*So zeigen uns die Ideale und Ideen,
wohin wir uns auf den Weg machen können.*

Sie erweitern unseren Horizont und lassen uns etwas ahnen von dem Noch-Nicht und dem Noch-Nicht-Dagewesenen. Wir benötigen den Blick in das eigene Innere, damit Leben vielfältig und klar wird. Ideales und Reales wird eins werden, wenn es gelingt, der großen Hoffnung in uns selbst zu begegnen. Ein indischer Weisheitslehrer bringt dies auf den Punkt, wenn er sagt:

Such nicht nach dem Licht, sei selbst das Licht.
(Krishnamurti)

Das Leben als solches ist immer schon vorhanden. Doch wir gehen erstmals mit dem Vorhandenen auf immer neue Entdeckungsreisen. Wir suchen und ergründen, was noch nicht ist. Nach und nach spüren wir, da ist Neues im Werden. Da ist viel mehr da, was wirklich zu uns und zum eigenen Weg gehört. Wenn wir mit dem eigenen Licht in Berührung kommen, wird von uns selbst Licht und Hoffnung ausgehen.

Wirkliches Leben bedeutet nicht unbedingt, dass das bisherige Leben in dieser Form bestehen bleibt. Im Erleben der eigenen Kraft und der eigenen Stärke wächst man über sich selbst hinaus. Dann ahnt man etwas von der wirklichen Größe, die in einem jeden Menschen steckt.

Nicht alles wird so bleiben, wie es war. Noch vieles strebt danach, verwandelt und anders zu werden.

Wenn wir offen sind, offen für Neues, dann entfaltet sich ein Leben, das unbegrenzt sein wird. In ihm ist ein Hauch von Liebe und Zärtlichkeit. Denn es ist geboren aus der Kraft des Schöpferischen und des Natürlichen, des Schönen und des Guten.

Finden

Manchmal begegnen wir einem Menschen und stellen fest: Dieser Mensch ist oder lebt in einer großen Freiheit. Er ist nicht abhängig von den Gedanken anderer Personen. Auch wenn es um Zustimmung oder Anerkennung geht, ist er wenig davon tangiert. Er ist frei in seiner eigenen Meinung und in seinem Standpunkt. Er scheint seine gedanklichen Abläufe relativ gut zu kennen. Er kann gut mit sich selbst und mit seinen Gefühlen umgehen. Er hat einen guten Bezug zur Realität. Er ist sogar frei von der Vorstellung oder Sorge, was ein anderer Mensch von ihm denkt. Er tut auch nicht unbedingt das, was ein anderer Mensch von ihm will. So jemand ist frei, weil er seine Mitte kennt. Er hat den Grund in seinem Wesen im Laufe seines Lebens bewusst erfahren. Er ist seiner wahren Bestimmung relativ nahe. In ihm scheint das Glück zu wohnen. In seinem Herzen wohnt die Liebe.

Sein und Wirklichkeit sind eins.

Das Wissen um das Verwurzeltsein in dem, was trägt, hat ihn frei gemacht.

Nach Freiheit sehnt sich im Grunde jeder Mensch. Die Freiheit ist das Ziel und der Weg zugleich. Für den freien Menschen besteht die größte Freiheit darin, zu lieben und sich hinzugeben. Dabei hat das Geben ein größeres Gewicht als das Nehmen. Um zu dieser Freiheit zu gelangen, müssen wir lernen, frei von Abhängigkeiten zu werden. Dazu ist es nötig, die eigenen Abhängigkeiten zu durchschauen und sich aus ihnen so weit zu lösen, dass wir gut im Kontakt mit uns selbst sind. Dann sind wir in der Lage, uns auch von Belastendem zu distanzieren.

In China gibt es eine interessante Aussage über einen Weisen:

*Der Weise genießt, was ihm die Sinne vermitteln,
wenn es dem Leben nützt.
Er lässt davon ab, wenn es dem Leben schadet.*

(Lü-shih Chün Chü)

Jeder Mensch braucht eine gewisse Ordnung für bzw. in sich selbst. Manches ist entwickelbar über den Weg der Disziplin. Dies setzt voraus, dass jemand gelernt hat, sich gut zu konzentrieren und sich selbst zu reflektieren. Das Wort Disziplin leitet sich ab von dem lateinischen Wort „discipulus". Der Schüler strebt immer nach neuen Kenntnissen und ist geleitet von dem Hunger nach Wissen, aber auch nach Erfahrung. Immer wieder lernt man, sich aufs Neue zu konzentrieren und zu erforschen. Dies macht Entwicklung möglich, sowohl seelisch wie geistig. – Nun gibt es irgendwann die reiferen Jahre der persönlichen Entwicklungen. Sie werden mitunter im Bild der Stufen, d.h. der Lebensstufen, beschrieben. Doch auf welcher Stufe man sich auch befindet, immer ist es auch eine Frage der Zeit, damit man bei sich selbst ankommt. Jemand hat es einmal so auf den Punkt gebracht. Wenn man fähig geworden ist, mehr oder weniger alles so anzunehmen, wie es ist, Gutes und Hartes, Schwieriges und Leichtes zum Beispiel, dann hat man sich selbst und sein Leben bereits ganz gut gefunden.

Leben entdecken

Vertrauen und Liebe können einen Menschen aus einer Enttäuschung herausholen und ihm einen neuen Sinn geben. Allerdings werden die zuerst gemachten Verletzungen nicht aufgehoben, sondern nur anders betrachtet. Wenn ein anderer Mensch meinen Schmerz versteht und er sich in mich und mein Leben einfühlen kann, so verliert der Schmerz seine negative Kraft. Es ist zumindest ein Weg, damit ein Mensch wieder dahin gelangt, zu seiner inneren Kraft hinzukommen. Dabei ist ein Gefühl großer Nähe entstanden, weil beide aus der Tiefe der Verwundbarkeit und auch des Miteinanders schöpfen.
Liebe kann sich in Hingabe verwandeln. Und so kann jemand sich selbst mit sich aussöhnen. Oftmals ist es so. Wo Menschen sich langsam aus alten Verletzungsgeschichten und deren Mustern zu lösen beginnen und neue Wege beschreiten, erfahren sie sich selbst in ihrem Weg als Werdende und später in den meisten Fällen als Geheilte. Langsam kom-

men sie wieder mehr und mehr bei sich selber an und spüren ihre alte Kraft und ihre ursprünglichen Stärken. Sie schauen über das Vergangene hinaus und gehen neu mit den eigenen Gefühlen und Gedanken um. So kann aus Vertrauen Liebe und aus Liebe Vertrauen werden.
In China sagt man:

> *Die Lebensspanne ist dieselbe,*
> *ob man sie weinend oder lachend verbringt.*

Wenn jemand nicht mit seinem Schmerz zurechtkommt oder zum Beispiel nicht damit herauskommt, kann dies seiner Seele durchaus schaden. Der Schmerz, die Trauer, die Wut gehören immer zum Leben mit dazu. Allerdings gibt es die Möglichkeit, auch auf das Leben mehr und mehr Einfluss zu nehmen, um sich in eine ganz gute innere Einstellung zu begeben. Wir sind fähig, die eigenen Gedanken und Gefühle zu lenken, nicht immer gleich, aber oftmals später dann doch mit Erfolg. Wenn man glückliche Stunden und schöne Erfahrungen macht, so erfährt man, wie das Leben in einem selbst pulsiert. Am liebsten würde man das Glück festhalten wollen, was aber leider nicht geht und unrealistisch wäre. Aber jeder

Mensch freut sich, wenn er wieder fröhlich oder glücklich oder zufrieden sein kann. Das Lachen löst und befreit – wie so oft im Leben.

Wer gerne lacht und sich freuen kann, besonders über kleine Dinge, weiß um das eigene Lebensglück. Am schönsten ist es, sich einmal so richtig aus dem Bauch heraus freuen zu können und dann auch einmal herzhaft zu lachen.

Gut ist es, wenn man in ein freundliches Gesicht blickt und die wohltuende Art das eigene Innere berührt. Dann werden auch die eigenen Gedanken und Gefühle heller und lichter.

Auf dem Weg nach vorne

Jeder Mensch hat Erwartungen bzw. Wünsche an andere Personen. Zum Beispiel beobachten wir bei einer uns nahe stehenden Person, dass sie sich ganz gut weiterentwickelt hat. Oder wir sehen bei einem anderen Menschen, vielleicht ist er noch jünger, dass er Fehler macht, die vermieden werden könnten. Oder jemand vermeidet geschickt eine Schwierigkeit oder bringt etwas in Ordnung. Bei allem, was geschieht, geht es um einen angemessenen Weg. Dabei geht es um Atmosphärisches. Zum Beispiel, ob ich warten kann, bis jemand bereit ist, um für sich einen weiteren Reifeschritt zu gehen. Der innerlich unruhige Mensch meint nur allzu oft, er sei dazu da, um sein Gegenüber zu ändern. Der andere müsste es nur wollen.

Hinter einer zu hohen Erwartung steckt ein begrenztes Lebensmuster. Der Einzelne soll sich anpassen und muss tun, was der Norm, der eigenen Vorstellung oder einem bestimmten Leistungsanspruch entspricht. Er darf nicht der sein, der er ist. Er bekommt keine Zeit zur Selbstentfaltung. Er spürt dann, dass man seine Einmaligkeit nicht zulässt. Erst wenn das Herz sich von dem anderen Menschen berühren lässt, dann zählen die vermeintlichen Schwächen nicht mehr. Dann geht man einfühlsam und sensibel miteinander um.

Man freut sich am Wesen der anderen Person.

Wer mit sich selbst gut umgehen kann, der ist eher in der Lage, den andern so zu nehmen, wie er ist.
Hilfreich ist eine uralte Weisheit. Sie besagt:

*Über Vergangenes mach dir keine Sorgen,
dem Kommenden wende dich zu.*
(Tseng Kuang)

Manche Entwicklungen kommen so mit der Zeit. Es tut gut, sich dahingehend zu beobachten, wie Wandlung in mir selbst geschieht. So gelingt es, nach vorne zu blicken. Wir spüren deutlicher als sonst Freiheit. Der weiterführende Weg ist immer auch ein Weg hin zu mehr Freiheit. Und frei bin ich vor allem dann, wenn ich wieder unbeschwerter und sorgenfrei in die Zukunft blicken kann. Einen Wendepunkt erkennt ein

Mensch daran, dass sich in seinem Inneren etwas löst. Es wird, wie man so schön sagt, etwas leicht und hell im Inneren der Seele. Es ist schön, wenn jemand aus seinem Schatten heraustreten und zum Licht gelangen kann.

Vielleicht ist es auch so, dass wir bestimmte Erfahrungen machen müssen. Das Glück kehrt immer nur zu bestimmten Zeiten in unser Inneres zurück. Vorhanden war es immer, doch spürbar ist es nur in ganz bestimmten Zeiten. Und immer wieder lebt der Mensch im Wartestand. Entscheidend ist, dass es wiederkommt und dann erlebbar und greifbar ist.

Auf der Suche nach sich selbst

Eines der größten Probleme zwischen zwei Menschen ist die Kommunikation. So machen wir immer wieder folgende Erfahrung: Es ist kein einfacher Weg, einem Menschen, der zu mir spricht, auch mit ungeteilter Aufmerksamkeit zuzuhören. So empfehlen Therapeuten: Während ein Gegenüber spricht, solle man nicht bereits an die eigene Antwort auf das Ausgesprochene denken. Manche Menschen können sich nicht zurücknehmen oder sie sind gar der Meinung, man müsse relativ schnell reden, damit man gut die eigene Position einbringen könne. So kann ein Gegenüber vielleicht nur einen Teil seines Anliegens loswerden. Das Problem ist aber, dass gerade hier der Anfang von Missverständnissen liegt. Dann hört man nur einen Aspekt der Botschaft oder der mitgeteilten Erfahrung. In der Regel entstehen Unklarheiten und Enttäuschungen. Ein Gespräch auf gleicher Augenhöhe

unterbleibt. Wenn hingegen ein Mensch, der gut kommunizieren und zuhören kann, die Gabe hat, tiefer in das gemeinsame Gespräch einzudringen, verläuft das Gespräch oft völlig anders. Ein Mensch, der von sich spricht und erzählt, merkt, dass der andere ihm gerne und gut zuhört. Nun fühlt er sich wohl und auch angenommen. Es entsteht ein Klima des Vertrauens und der persönlichen Zuneigung. Es handelt sich hier um einen Übungsweg, den jeder oft genug wählen wird, damit Wachstum möglich wird. Vielleicht stimmt es sogar, wenn wir eines Tages feststellen:
Der Lebensfluss speist sich aus vielen guten Gesprächen, wo sich über viele Jahre so manches geklärt hat.
Wahrscheinlich hat der vietnamesische Meister Thich Nhat Hanh daran gedacht, als er diesen Satz gesprochen oder geschrieben hat:

Betrachte den Fluss deines Lebens und erkenne,
wie viele Ströme in ihn münden,
die dich nähren und unterstützen.

Wenn ein Mensch sich selbst besser begreift und auch verstehen lernt, so spürt er sein Leben aus der Mitte heraus. Er begreift sich und nähert sich dem Wesen des Lebens. Er stellt dies daran fest, dass ihm im wahrsten Sinne des Wortes der Durchblick gegeben wird. Nun erfährt er immer häufiger, was es heißt, mit sich selbst eins zu sein. Er spürt langsam das lang ersehnte Glück tief in seinem Inneren.

Ein Kriterium für den Weg hin zum eigenen Inneren ist, dass ein Teil der Sorgen und ein Teil der Ängste nachlassen. Es ist zu einer Art Heilungsprozess gekommen, ohne dass wir genau wissen warum und wie. Vieles klärt sich sowohl auf der geistigen als auch auf der emotionalen Ebene und wir sehen die Dinge des Lebens im rechten Licht. Die Kommunikation, die uns als Menschen tiefer führt, hat mit Vertrauen und mit Gemeinschaft zu tun. Das Wort Gemeinschaft leitet sich ab von dem Wort „comunio". Wenn etwas gut ist im Gespräch und im Gedankenaustausch, ist immer etwas vom Geist der Liebe vorhanden. Dann lässt die Sorge um sich und um andere Menschen nach. Es entsteht so immer wieder die Sehnsucht nach neuen und vor allem gewinnbringenden Gesprächen.

Dem eigenen Geheimnis auf der Spur

Wenn wir von einem Menschen fasziniert sind, so führt dies oftmals zu einer überschwänglichen Haltung. Man ist begeistert. Darin liegt mitunter ein Problem, das wir erst lösen, wenn wir das, was uns am anderen Menschen fasziniert, in uns selbst erkennen. Dann sind wir immer noch angetan von dem Gegenüber, aber das Verhältnis ist geprägt von der inneren Freiheit. Wenn wir uns nur dann gut fühlen, wenn der bestimmte Mensch in unserer Nähe ist, sind wir noch stark abhängig. Nur die eigene Freiheit entspricht dem eigenen Wesen. Es geht darum, unsere Kontakte und Begegnungen aus dem Bewusstsein des inneren Wesens zu pflegen. Dann fühlt sich jemand wohl in seiner Haut. Dann genießen wir unsere Freiheit und sind uns ihrer in einer Begegnung bewusst. Das gute Zusammenwirken lebt in erster Linie von der Beziehung zu sich selbst. Erst muss sich etwas in uns klären, damit Ich und Du sich befruchten können.

Von Mahatma Gandhi stammt das Wort:

Wer den Weg der Wahrheit geht, stolpert nicht.

Gandhi war von Haus aus ein schüchterner Mensch. Im Laufe der Jahre entwickelte er eine zunehmend klarere Persönlichkeit. Er kannte sowohl die menschlichen Schwächen wie auch die menschlichen Stärken. Seine Religiosität hat ihn innerlich befreit. Sein politisches Engagement war ohne Gewalt. Sein Handeln war ausschließlich vom Geist der Liebe geprägt. Seine Liebe zu allen Menschen und Geschöpfen nahm ihm letztlich die Angst vor den bösen Kräften.

Ein Mensch, der selbst den Weg in die eigene Wahrheit geht bzw. ihn besser einübt, ist nicht so leicht aus der Bahn zu werfen. Menschen, die sich innerlich mehr und mehr der Wahrheit verpflichtet fühlen, sind gut im Kontakt mit der eigenen Seele. Sie suchen nicht. Sie finden. Sie sprechen nicht über sich und ihr Geheimnis. Eher leben sie aus dem, was sie selbst reich und glücklich gemacht hat. Sie sind mit sich mehr oder weniger im Reinen.

Sie bleiben ihrem Geheimnis immer auf der Spur.

Dem eigenen Glück begegnen

Bei bestimmten Menschen lässt es sich beobachten: Dieser oder jener Mensch ist innerlich frei. Er oder sie ist nicht mehr gebunden an die Wertschätzung anderer Personen. Er oder sie ist nicht besorgt um Ansehen und Ruf. Der freie Mensch ist nicht mehr abhängig von anderen Menschen, auch nicht von deren Erwartungen. Er macht das meistens ganz gut, was ansteht und was zu ihm auch wirklich passt. Er strahlt Freiheit aus, weil er die Mitte seines individuellen Ichs wahrnimmt. Letztlich ist er gut im Kontakt mit sich und mit seinem Inneren. Vor allem hat er gelernt, mit den eigenen Emotionen gut umzugehen. Die Gelassenheit spielt dann eine größere Rolle. Gelassenheit hat auch damit zu tun, wie sich jemand im Laufe der Zeit mit den Extremen von Glück und Unglück, von Werden und Vergehen innerlich auseinandergesetzt hat.

Es ist ein kaum bekanntes Sprichwort, was in Japan gesagt wird:

*Auf das Glück warten
ist das Gleiche
wie auf den Tod warten.*

Sehr oft liegt der tiefere Sinn des Lebens im Vergangenen und da in den guten Zeiten und Jahren. Wenn vieles oder das meiste gut war, so ist man gelassener geworden. Man ist ruhiger geworden. Aus dem Rückblick kann auch Ungutes losgelassen werden. Meistens ist Bitteres und Schweres, das man durchleiden musste, bereits gelöst oder auch geheilt. Selbst der Tod darf sein. Man kann ihm ohne Angst gegenübertreten. Er hat keine Macht mehr, wie es wohl in allen Religionen der Welt gelehrt wird. Es dauert, bis man beides annimmt, den Weg zum Glück oder auch – vielleicht auch erst sehr spät im hohen Alter – den Weg ins Sterben. Doch ein Mensch wird sich bis ans Ende seines Lebens immer nach dem Glück sehnen und es zu finden trachten. Dem Glück begegnet man letztlich nur im Anderen. Das wahre Glück ist weder Ich noch Du, sondern Wir.

Wenn es das Glück nicht gäbe,
müsste man es erfinden,
wenn das möglich wäre,
um Menschen glücklich zu machen,
nicht irgendwann, auch nicht morgen,
sondern heute und jederzeit, jetzt und überall,
in einem Haus, in einem Dorf, in einer Stadt,
überall gibt es die Welt, in der es zu finden ist,
mal das kleine oder auch das große Glück.

Der Autor

Hartmut Schmidt wurde am 26. Februar 1953 in Augsburg geboren. Er ist in Mittelfranken aufgewachsen. Das Studium erfolgte in München. Seit über 30 Jahren ist er im Beruf des Pfarrers, Lehrers und Seelsorgers tätig. – Es gibt mehrere Bereiche, die zu seinem Weg gehören. Ursprünglich beheimatet im religiösen, philosophischen und ethischen Kontext, führte ihn sein Weg mehr und mehr hin zu einer gesunden und menschenfreundlichen Spiritualität. In vielen Jahren der verschiedensten Übungswege gelang ihm der Durchbruch zu größerer Freiheit.

Eine Station war für ihn die Entdeckung seiner Kreativität über den Weg des Malens und der Kunst. Die künstlerische Tätigkeit hat ihn das tiefere Begreifen der inneren Prozesse und das Schauen gelehrt. Er lebt und arbeitet seit über zehn Jahren in der mittelalterlichen Stadt Rothenburg ob der Tauber.

Ein eigenes Buch herauszugeben, war schon lange geplant und konnte nun realisiert werden. Der Autor fühlt sich der Natur sehr verbunden und hat eine große Liebe zu Tieren und Menschen. Als Lehrer hat er ein großes Herz für Kinder und Jugendliche. Er ist geprägt von einem Glauben an das Gute in jedem Menschen. Für ihn ist die Liebe zu allem Geschöpflichen das Wesentliche.

Alle Aquarelle in diesem Buch stammen vom Autor.
Sie entstanden in den Jahren 2000–2002
und sind im Original 40x30 bzw. 40x45 cm groß.

Seite 7: LION'S DREAM
Seite 12: SARTI FISHES
Seite 16: ARCHE SARTI
Seite 23: AN ELEPHANT MEMORY
Seite 27: TENDER HORSES
Seite 31: EVOLUTION
Seite 34: DREAMING ABOUT LIFE
Seite 38: HORSE IN HEAVEN